Τιάρα Κλαμπ στο Ρουμπινένιο Μέγαρο

Για την πριγκίπισσα Σοφία και
την πριγκίπισσα Ισαβέλλα.
Β.Φ.

Συγγραφέας και τίτλος πρωτοτύπου:
VIVIAN FRENCH
«Princess Amy and the Golden Coach»

First published in Great Britain by Orchard Books in 2007

Μετάφραση: Πετρούλα Γαβριηλίδου
Διορθώσεις: Ελένη Μπολοβίνου

Παραγωγή: ΜΙΝΩΑΣ Α.Ε.Ε.

1η έκδοση στην Ελλάδα: Απρίλιος 2009

Τ.Θ. 504 88, 141 10 Ν. Ηράκλειο, ΑΘΗΝΑ
τηλ.: 210 27 11 222 – fax: 210 27 11 056
www.minoas.gr • e-mail: info@minoas.gr

ISBN 978-960-699-917-8

Τιάρα Κλαμπ στο Ρουμπινένιο Μέγαρο

Η Πριγκίπισσα Έιμυ

και η Χρυσή Άμαξα

Κείμενο: Βίβιαν Φρεντς

Εικονογράφηση: Σάρα Γκιμπ

Μετάφραση: Πετρούλα Γαβριηλίδου

ΜΙΝΩΑΣ ΕΚΔΟΣΕΙΣ

Βασιλική Ακαδημία Εκπαίδευσης για Ιδανικές Πριγκίπισσες

(γνωστή στις μαθήτριες ως *Πριγκιπική Ακαδημία*)

Η ΑΡΧΗ ΤΟΥ ΣΧΟΛΕΙΟΥ ΜΑΣ:

Μια πριγκίπισσα σκέφτεται πάντα τους άλλους πριν από τον εαυτό της. Είναι ευγενική, φροντίζει όλους τους ανθρώπους και λέει πάντα την αλήθεια.

Η εκπαίδευση στο Ρουμπινένιο Μέγαρο είναι πλήρης, με έμφαση στη δημιουργία και τις τέχνες. Η σχολική ύλη περιλαμβάνει, εκτός των άλλων:

Δημιουργικές ιδέες για το Φεστιβάλ Φιλίας

Δημιουργία ανθοδεσμών (όλα τα αγκάθια θα πρέπει να αφαιρούνται)

Μπαλέτο για μια κορμοστασιά όλο χάρη και κομψότητα

Επίσκεψη στην έκθεση διαμαντιών (με ευχάριστη αφορμή τα γενέθλια της βασίλισσας Φαμπιόλα)

Η βασίλισσα Φαμπιόλα, η διευθύντρια του σχολείου, είναι παρούσα ανά πάσα στιγμή και οι μαθήτριες βρίσκονται υπό την προστασία της νεράιδας Τζέι και της βοηθού της, της νεράιδας Ανγκόρα.

Καθηγητικό προσωπικό:

ΒΑΣΙΛΙΑΣ ΜΠΕΡΝΑΡΝΤΟ Ο 4ος
(Διευθυντής του Ρουμπινένιου Μεγάρου)

ΛΑΙΔΗ ΧΑΡΙΣ
(Γραμματέας της βασίλισσας Φαμπιόλα)

ΛΑΙΔΗ ΑΡΑΜΙΝΤΑ
(Οικοδέσποινα της Πριγκιπικής Ακαδημίας)

ΒΑΣΙΛΙΣΣΑ ΜΗΤΕΡΑ ΜΑΤΙΛΝΤΑ
(Πρωτόκολλο, πόζες, ανθοδέσμες)

Απονέμουμε πόντους ΤΙΑΡΑ, για να ενθαρρύνουμε τις πριγκίπισσες να προχωρήσουν στο επόμενο στάδιο. Όλες οι πριγκίπισσες που κερδίζουν τους πόντους που χρειάζονται θα παραστούν σε έναν εορταστικό χορό, όπου θα τους απονεμηθούν οι ρουμπινένιες εσάρπες.

Οι πριγκίπισσες που έχουν κερδίσει τις ρουμπινένιες εσάρπες τους μπορούν να φοιτήσουν τον επόμενο χρόνο στο Μαργαριταρένιο Παλάτι, μια πολύ ιδιαίτερη σχολή για Ιδανικές Πριγκίπισσες που επιθυμούν εκπαίδευση ανωτέρου επιπέδου.

ΑΠΑΡΑΙΤΗΤΕΣ ΠΡΟΫΠΟΘΕΣΕΙΣ ΠΡΟΣΕΛΕΥΣΗΣ

Οι πριγκίπισσες πρέπει να προσέλθουν στην Ακαδημία το *λιγότερο* με:

ΕΙΚΟΣΙ ΤΟΥΑΛΕΤΕΣ ΧΟΡΟΥ
(με όλα τα απαραίτητα στεφάνια φορεμάτων, μεσοφόρια κ.λπ.)

ΕΙΚΟΣΙ ΚΑΘΗΜΕΡΙΝΑ ΦΟΡΕΜΑΤΑ

ΕΦΤΑ ΤΟΥΑΛΕΤΕΣ
κατάλληλες για πάρτι σε εξωτερικούς χώρους και άλλες ειδικές εκδηλώσεις

ΔΩΔΕΚΑ ΤΙΑΡΕΣ

ΠΑΠΟΥΤΣΙΑ ΧΟΡΟΥ
πέντε ζευγάρια

ΒΕΛΟΥΔΙΝΕΣ ΠΑΝΤΟΦΛΕΣ
τρία ζευγάρια

ΜΠΟΤΕΣ ΙΠΠΑΣΙΑΣ
δύο ζευγάρια

Μανδύες, μανσόν, εσάρπες, γάντια κι άλλα απαραίτητα πριγκιπικά αξεσουάρ

Γεια χαρά σε όλες τις πριγκίπισσες, και κυρίως σε εσένα!
Είμαι η πριγκίπισσα Έιμυ, από τον Κόκκινο Κοιτώνα.
Δεν είναι ΤΕΛΕΙΑ στο Ρουμπινένιο Μέγαρο;
Είμαι σίγουρη, πάντως, πως και το Διαμαντένιο Παλάτι
θα είναι ΠΟΛΥ ωραίο – αρκεί να είσαι κι εσύ μαζί μας
και όλες οι φίλες μου από τον Κόκκινο Κοιτώνα.
Δεν μπορώ χωρίς τη Χλόη, την Τζέσικα, την Τζόρτζια,
την Ολίβια και τη Λόρεν. Αναρωτιέμαι αν θα είναι και
οι απαίσιες δίδυμες στο Διαμαντένιο Παλάτι, η Ντάιαμοντ
και η Γκρουέλα. Είναι ΤΟΣΟ απαίσιες!
Ειδικά η Ντάιαμοντ...

Κεφάλαιο Ένα

Ένα, δύο, τρία και ΣΤΡΟΦΗ! Ένα, δύο, τρία, ΣΤΡΟΦΗ!

Η νεράιδα Ανγκόρα κουνούσε το ραβδί της στο ρυθμό της μουσικής. Προσπαθούσαμε όσο μπορούσαμε να κάνουμε ό,τι μας έλεγε, αλλά δεν ήταν εύκολο. Εγώ ζαλιζόμουν συνέχεια και έπεφτα πάνω στις φίλες μου.

– Νεράιδα Ανγκόρα, σας παρακαλώ, δε θα μπορούσατε να μας βοηθήσετε λίγο με τα μαγικά σας; Έκανα άλλη μια στροφή με την οποία βρέθηκα φαρδιά πλατιά σε μια γωνία. Δεν είμαι ΚΑΘΟΛΟΥ καλή στο μπαλέτο!

Η νεράιδα Ανγκόρα (που είναι η βοηθός-νεραϊδονονά της Βασιλικής Ακαδημίας) γέλασε.

— Αυτό θα ήταν ζαβολιά, άγγελέ μου, είπε.

— Το μπαλέτο σού μαθαίνει πώς να περπατάς με χάρη και να έχεις ωραία κορμο-

στασιά. Αν έκανα μάγια, κάποια στιγμή μέσα στη μέρα θα πέρναγαν και τότε τι θα κάνατε αύριο που έχετε τις τελικές επιδείξεις;

Η Ντάιαμοντ κάγχασε.

– Η Έιμυ θα κουτουλάει παντού σαν ένας τεράστιος, χοντρός ελέφαντας!

Η νεράιδα Ανγκόρα τής έριξε ένα ψυχρό βλέμμα.

– Ντάιαμοντ, αυτό που είπες δε βοηθάει καθόλου. Σε παρακαλώ, κάνε μας την καλύτερή σου πιρουέτα.

Η Ντάιαμοντ φαινόταν ιδιαιτέρως ευχαριστημένη με τον εαυτό της.

– Βεβαίως, νεράιδα Ανγκόρα, είπε και έκανε τρεις τέλειες πιρουέτες, τη μία μετά την άλλη, και στο τέλος μια υπέροχη υπόκλιση. Δεν μπορούσαμε να μην τη χειροκροτήσουμε – ήταν ΑΠΙΣΤΕΥΤΑ καλή. Φυσικά, η

Ντάιαμοντ πήρε το πιο υπεροπτικό της ύφος.

– Μπράβο, Ντάιαμοντ, είπε η νεράιδα Ανγκόρα, αλλά από τη φωνή της καταλάβαμε ότι δεν ήταν πραγματικά ευχαριστημένη. Βλέπω ότι έχεις κάνει πολλά μαθήματα.

Σου δίνω δύο πόντους τιάρα. Μετά πήγε να μιλήσει στους μουσικούς.

– Η Ντάιαμοντ κι εγώ κάνουμε μπαλέτο από τριών χρονών, μας είπε η Γκρουέλα. Η μαμά λέει ότι είναι ΠΟΛΥ σημαντικό οι πριγκίπισσες να μη χάνουν ΚΑΜΙΑ ευκαιρία να μαθαίνουν πώς να έχουν χάρη και κομψότητα.

—Ακριβώς! είπε η Ντάιαμοντ με ένα περιφρονητικό ύφος. Υποθέτω ότι οι γονείς σου δε σκέφτηκαν ποτέ κάτι τέτοιο, γι' αυτό είσαι τόσο ανίκανη.

Την κοίταξα με φανερή έκπληξη.

—Δεν ξέρεις τίποτα για τους γονείς μου! της είπα. Πώς μπορείς να μιλάς έτσι γι' αυτούς; Κι αν θες να ξέρεις, πήγα στο μπαλέτο όταν ήμουν μικρή, αλλά…

Δίστασα να συνεχίσω. Ήθελα πράγματι να μάθει η Ντάιαμοντ και η Γκρουέλα για τους γονείς μου; Αλλά μετά σκέφτηκα: *Δε με νοιάζει! Εγώ είμαι περήφανη για τη μαμά μου και τον μπαμπά μου!* Οπότε συνέχισα:

—Αλλά τα μαθήματα ήταν πολύ ακριβά. Οι γονείς μου ΔΕΝ είναι πλούσιοι, αλλά θέλουν πάντα το καλύτερο για εμένα. Γι' αυτό ακύρωσαν τη βασιλική τουρνέ τους, ώστε να μπορώ εγώ να έρθω εδώ με την υπέροχη ταξιδιωτική μας άμαξα!

Η Ντάιαμοντ σήκωσε ψηλά τη μύτη.

–Σιγά! Σε είδα όταν έφτασες! Δεν ήταν ΚΑΘΟΛΟΥ υπέροχη αυτή η άμαξα. Δεν ήταν καν χρυσή. Δεν το ξέρεις ότι οι Ιδανικές Πριγκίπισσες ταξιδεύουν ΜΟΝΟ με ΧΡΥΣΕΣ άμαξες;

Ευτυχώς, εκείνη την ώρα μόλις επέστρεψε η νεράιδα Ανγκόρα, αλλιώς θα της είχα πει τίποτα και δε θα ταίριαζε ΚΑΘΟΛΟΥ σε μια πριγκίπισσα.

–Σας άκουσα να μιλάτε για τη χρυσή άμαξα; ρώτησε εμφανώς αγχωμένη η νεράιδα Ανγκόρα. Σας είπε κάποιος το μυστικό της βασίλισσας Φαμπιόλα;

Φυσικά, όλες κουνήσαμε αρνητικά το κεφάλι, εκτός από την Ντάιαμοντ. Έκλεισε το μάτι στην Γκρουέλα και είπε:

– Μμμ... Κάποιος μάς είπε κάτι για μια φοβερή άμαξα...

Ήταν ολοφάνερο ότι δεν ήξερε ΤΙΠΟΤΑ, αλλά η νεράιδα Ανγκόρα δεν το κατάλαβε. Κάθισε αναστατωμένη σε μια καρέκλα.

–Η βασίλισσα Φαμπιόλα θα γίνει έξαλλη! Ήθελε να είναι έκπληξη! Η πιο όμορφη χρυσή άμαξα που έχετε δει και που θα σας πάει στην αίθουσα χορού για την αποχαιρετιστήρια γιορτή!

Κεφάλαιο Δύο

Δεν ξέραμε τι να κάνουμε. Η νεράιδα Ανγκόρα μάς είχε μόλις αποκαλύψει το μυστικό της διευθύντριάς μας, το οποίο εμείς δεν έπρεπε να ξέρουμε!

Η Γκρουέλα σήκωσε το χέρι της.

—Πώς θα μπορέσουμε να χωρέσουμε όλες σε μία άμαξα; ρώτησε. Και γιατί δε γίνεται εδώ η γιορτή; ΑΟΥ! φώναξε. Γύρισε και κοίταξε την Ντάιαμοντ. Γιατί με τσιμπάς;

—Σουτ! ψιθύρισε η Ντάιαμοντ, αλλά ήταν αργά. Η νεράιδα Ανγκόρα την κοίταζε με μάτια διάπλατα ανοιχτά.

—Δεν είχες ΙΔΕΑ για το μυστικό, έτσι δεν είναι, Ντάιαμοντ; Γιατί αν κάποιος σου το

είχε πει, θα ήξερες ότι η γιορτή θα γίνει στο Διαμαντένιο Παλάτι. Και θα ήξερες ότι οι καλύτερες μπαλαρίνες θα είναι αυτές που θα πάνε με τη χρυσή άμαξα! Αλλά εσύ απλώς προσποιήθηκες ότι ξέρεις!

Η Ντάιαμοντ χαμήλωσε το κεφάλι.

—Εγώ είπα μόνο ότι κάποιος μάς είπε κάτι, μουρμούρισε.

Η νεράιδα Ανγκόρα έσφιξε το ραβδί της.

—Τι ΗΛΙΘΙΟ εκ μέρους μου. Μας κοίταξε όλες και τα μάγουλά της έγιναν κόκκινα. Σας παρακαλώ, χρυσά μου, ΣΑΣ ΠΑΡΑΚΑΛΩ ΠΟΛΥ, ξεχάστε όσα είπα. Θέλουμε οι πριγκίπισσές μας να καταβάλουν τη μέγιστη δυνατή προσπάθεια, έτσι κι αλλιώς, κι όχι επειδή θα έχουν να κερδίσουν κάτι.

—Μην ανησυχείτε, νεράιδα Ανγκόρα, είπε η Ολίβια. Ούτε που θα σκεφτόμαστε την υπέροχη άμαξα.

Όλες έγνεψαν καταφατικά το κεφάλι... εκτός από την Ντάιαμοντ. Κοίταξε πονηρά τη νεράιδα Ανγκόρα.

—Αν κάνουμε ότι δεν ξέρουμε τίποτα

για την άμαξα, είπε, θα μας δώσετε παραπάνω πόντους τιάρα στο μπαλέτο;

—Ναι! συμφώνησε και η Γκρουέλα. ΠΟΛΛΟΥΣ πόντους τιάρα για να είναι σίγουρο ότι θα είμαστε στην άμαξα!

Είχα σοκαριστεί! Ξέρουμε όλες ότι οι Ιδανικές Πριγκίπισσες ποτέ μα ΠΟΤΕ δε μιλάνε έτσι.

Η νεράιδα Ανγκόρα χλώμιασε για λίγο, αλλά μετά δίπλωσε τα χέρια της και τις κοίταξε αυστηρά.

–Πριγκίπισσα Ντάιαμοντ και πριγκίπισσα Γκρουέλα, είπε, για πρώτη και τελευταία φορά θα παραβλέψω τον τρόπο που μόλις μου μιλήσατε, μόνο και μόνο

επειδή σας είπα κάτι που δεν έπρεπε. Σταμάτησε και με κοίταξε. Έιμυ, μπορείς σε παρακαλώ, καλή μου, να πας μέχρι το γραφείο της νεράιδας Τζέι; Ρώτησέ τη αν μπορώ να δανειστώ τη Σκόνη της Λήθης. Γύρισε ξανά προς τις υπόλοιπες. Οπότε δε θα χρειάζεται να ανησυχούμε για πόντους τιάρα και χρυσές άμαξες. Και τώρα, πίσω στο μάθημα.

Βγαίνοντας, έριξα ένα βλέμμα στην Ντάιαμοντ και την Γκρουέλα και μου φάνηκαν ΠΟΛΥ απογοητευμένες.

Η νεράιδα Τζέι είναι η μεγάλη νεραϊδονονά του σχολείου και έχει γραφεία σχεδόν παντού στη Βασιλική Ακαδημία. Στο Ρουμπινένιο Μέγαρο το δωμάτιό της είναι στο τέλος ενός μακριού, μαρμάρινου διαδρόμου, τον οποίο οι καθαρίστριες έτριβαν με μανία την ώρα που έφτασα εγώ. Χτύπησα την πόρτα του δωματίου της.

–Περάστε! είπε και μπήκα στο δωμάτιο.

Η νεράιδα Τζέι καθόταν στο γραφείο της και έπλεκε κάτι κόκκινο και αστραφτερό. Με είδε που το κοίταζα και χαμογέλασε.

–Είναι το σάλι που θα φορέσω στη γιορτή, μου εξήγησε. Σε αυτή που θα σας δώσουμε τις ρουμπινένιες εσάρπες σας. Τι μπορώ να κάνω για σένα, καλή μου Έιμυ;

Υποκλίθηκα και της είπα ότι η νεράιδα Ανγκόρα θα ήθελε να δανειστεί λίγη από τη Σκόνη της Λήθης. Η νεράιδα Τζέι σήκωσε τα φρύδια της, αλλά είπε μόνο:

—Φυσικά. Είναι εκεί στο ράφι, το κίτρινο μπουκαλάκι.

Τα ράφια της νεράιδας Τζέι ήταν ασφυκτικά γεμάτα με μπουκάλια και βάζα και

σακούλες. Μάλλον χρησιμοποιούσε τα μαγικά της για να βρει αυτό που ήθελε, τόσο ανακατωμένα που ήταν. Όταν κατάφερα να πιάσω το κίτρινο μπουκαλάκι, παραλίγο να ρίξω ένα ματσάκι με αποξηραμένα

λουλούδια και κλαδάκια, αλλά το μαγικό ραβδάκι της νεράιδας Τζέι το έβαλε πάλι στη θέση του.

–Έιμυ, πες στη νεράιδα Ανγκόρα να είναι προσεκτική με τη σκόνη, μου είπε.

Είναι πολύ δυνατή! Και θύμισέ της ότι διαρκεί μόνο μία με δύο μέρες.

– Μάλιστα, νεράιδα Τζέι, είπα. Σας ευχαριστώ πολύ!

Την ώρα που έφευγα από το δωμάτιό

της, ο διάδρομος γυάλιζε πια. Οι καθαρίστριες είχαν φύγει, αλλά το πάτωμα ήταν ακόμη λίγο υγρό. Περπατούσα πολύ προσεκτικά και είχα σχεδόν φτάσει στην αίθουσα χορού όταν με έπιασε φτέρνισμα –

και χωρίς να καταλάβω πώς, βρέθηκα στο πάτωμα. Ακουμπώντας το χέρι μου για να στηριχθώ την ώρα που έπεφτα, έριξα κάτω το κίτρινο μπουκαλάκι, το οποίο έγινε χίλια κομμάτια.

Κεφάλαιο Τρία

—Οχ, ΟΧΙ… ψέλλισα. Οχ…

Δεν ήξερα τι να κάνω. Κοίταζα το χαμό που είχα κάνει στο πάτωμα και η καρδιά μου κόντευε να σπάσει – και με κατέλαβε ένα πολύ περίεργο συναίσθημα. Ήταν σαν να είχα μια ομίχλη στο μυαλό μου… και δεν μπορούσα να θυμηθώ πού ήμουν και για ποιο λόγο κοίταζα αυτή την κίτρινη σκόνη και τα σπασμένα γυαλιά γύρω μου.

Τότε άνοιξε η πόρτα πίσω μου και η νεράιδα Ανγκόρα βγήκε έξω.

—Έιμυ! είπε. Τι ήταν αυτός ο θόρυβος; Είσαι καλά; Και τότε είδε το σπασμένο μπουκάλι. Είναι η Σκόνη της Λήθης; Γρήγορα! Έλα μέσα!

Με άρπαξε από το χέρι και με έβαλε μέσα στην αίθουσα. Όπως έκλεινε την πόρτα, ένα σύννεφο κίτρινης σκόνης σηκώθηκε και η ομίχλη στο κεφάλι μου έγινε μεγαλύτερη.

–Έιμυ! Έιμυ; Η νεράιδα Ανγκόρα κουνούσε το ραβδί της πάνω από το κεφάλι μου. Ξέρεις ποια είμαι εγώ;

Ήταν ΠΟΛΥ περίεργο! Ήμουν σίγουρη ότι ήξερα το όνομά της – απλώς ΔΕΝ ΜΠΟΡΟΥΣΑ να το θυμηθώ!

–Εεε... είπα. Εεε... λυπάμαι...

–Τι συμβαίνει με την Έιμυ; ρώτησε μια στριγκή φωνή. Τρελάθηκε;

Έτριψα το κεφάλι μου δυνατά. Ήξερα ποια είχε μιλήσει, αλλά ούτε το δικό της όνομα μπορούσα να θυμηθώ. Μήπως ΠΡΑΓΜΑΤΙ είχα τρελαθεί;

Η νεράιδα Ανγκόρα με χτύπησε στον ώμο δύο φορές με το ραβδί της.

–Σκόνη της λήθης, τέλειωσες. Στην Έιμυ φέρε πάλι όλες τις θύμησες! είπε.

Το μυαλό μου αμέσως καθάρισε.

—ΣΑΣ ΕΥΧΑΡΙΣΤΩ, νεράιδα Ανγκόρα, είπα. Με συγχωρείτε που έριξα το μπουκάλι. Να φέρω σκούπα και φαράσι να καθαρίσω;

Η νεράιδα Ανγκόρα κούνησε αρνητικά το κεφάλι.

–Μπορεί να έδιωξα το ξόρκι, αλλά αν πας κοντά στη σκόνη, θα ξεχάσεις πάλι τι έκανες μόλις πριν από δύο δευτερόλεπτα. Μην ανησυχείς, άγγελέ μου. Θα μπορούσε να συμβεί στον καθένα.

Η στριγκή φωνή, που τώρα ήξερα ότι ανήκει στην Ντάιαμοντ, ακούστηκε πάλι:

–Όχι και στον καθένα, μόνο οι ΑΧΑΡΟΙ άνθρωποι πέφτουν και κάνουν ζημιές!

Η Γκρουέλα χασκογέλασε.

–Άχαροι άνθρωποι σαν την Έιμυ!

–Ντάιαμοντ! Γκρουέλα! Η νεράιδα Ανγκόρα είχε πια θυμώσει. ΑΡΚΕΤΑ με τα πικρόχολα σχόλιά σας! Πηγαίνετε να καθίσετε στη γωνία και δε θα σηκωθείτε αν δε σας πω εγώ. Μόλις οι δίδυμες πήγαν και έκατσαν στις καρέκλες, η νεράιδα Ανγκόρα μάς είπε: Λυπάμαι, γλυκές μου, αλλά θα πρέπει να μείνετε εδώ μέχρι να απομακρύνουμε τη σκόνη απέξω. Επίσης, σας παρακαλώ να μην πλησιάζετε την πόρτα. Θα σας βάλω μια άσκηση να κάνετε και μετά θα πάω να ζητήσω από τη νεράιδα Τζέι να με βοηθήσει να καθαρίσουμε. Λοιπόν, για να δούμε πάλι τις πιρουέτες σας. Έτοιμες; Ένα, δύο, τρία, ΣΤΡΟΦΗ!

Τότε συνέβη κάτι ΑΠΙΣΤΕΥΤΟ! Έκανα συνεχόμενες άψογες πιρουέτες, λες και μάθαινα μπαλέτο όλη μου τη ζωή! ΠΟΛΥ παράξενο! Όταν τέλειωσα, η νεράιδα Ανγκόρα χτύπησε παλαμάκια.

—ΜΠΡΑΒΟ, Έιμυ! είπε. ΥΠΕΡΟΧΑ! Πέντε πόντοι τιάρα για εσένα!

Ακούστηκε ένα θυμωμένο ρουθούνισμα από την Ντάιαμοντ και η Γκρουέλα ψιθύρισε:

—Αυτό είναι ΠΟΛΥ άδικο! Εσύ πήρες μόνο δύο πόντους τιάρα!

—Το ξέρω. Άσε που είμαι σίγουρη ότι είναι αυτή η μαγική σκόνη που κάνει την Έιμυ να χορεύει καλά, είπε η Ντάιαμοντ.

Η νεράιδα Ανγκόρα τις άκουσε.

—Η αλήθεια είναι, Ντάιαμοντ, ότι δεν είναι η μαγική σκόνη. Συμβαίνει μερικές φορές όταν απομακρύνουμε τη σκόνη από το μυαλό, η μνήμη να γίνεται πιο δυνατή. Μήπως έκανες μπαλέτο όταν ήσουν μικρή, Έιμυ;

Έγνεψα καταφατικά. Το πρόσωπο της νεράιδας Ανγκόρα έλαμψε.

—Αυτό είναι λοιπόν. Θυμήθηκες όλα όσα είχες μάθει μικρή! Λοιπόν, τώρα θέλω να κάνετε ομάδες και να ετοιμάσετε μια μικρή παράσταση όσο εγώ θα πάω να βρω τη νεράιδα Τζέι. Όταν θα έχουμε τελειώσει με τη σκόνη, θα της ζητήσω να έρθει να σας δει να χορεύετε.

Φυσικά, εμείς γίναμε αμέσως μια ομάδα και, ως συνήθως, η Ντάιαμοντ και η

Γκρουέλα ήθελαν να είναι μόνες τους. Η νεράιδα Ανγκόρα περίμενε μέχρι να δει ότι έχουμε ξεκινήσει και μετά άνοιξε προσεκτικά την πόρτα και βγήκε.

Αμέσως μόλις έφυγε, η Ντάιαμοντ έτρεξε προς την πόρτα τραβώντας και την Γκρουέλα.

–Θέλω λίγη από αυτή τη σκόνη! είπε.

Είμαι σίγουρη ότι με αυτή τη σκόνη κατάφερε η χαζή η Έιμυ να χορεύει τόσο καλά.

Έσκυψε, άνοιξε την πόρτα και άρπαξε όσο περισσότερη σκόνη μπορούσε. Με ένα τεράστιο χαμόγελο, την έφερε στη μύτη της και ρούφηξε δυνατά...

Κεφάλαιο Τέσσερα

Τότε συνέβη κάτι ΠΟΛΥ περίεργο!

Η Ντάιαμοντ ανοιγόκλεισε τα μάτια, φτερνίστηκε και είπε με μια τσιριχτή φωνούλα:

–Πού είμαι;

Η Γκρουέλα την κοίταζε καλά καλά.

–Μην είσαι ανόητη, Ντάιαμοντ, είπε. Είσαι στο μάθημα μπαλέτου!

–Μπαλέτου; Η Ντάιαμοντ χτύπησε παλαμάκια. Τέλεια! ΛΑΤΡΕΥΩ το μπαλέτο!

Χοροπήδαγε και μιλούσε σαν να είναι μωρό.

—ΝΤΑΪΑΜΟΝΤ! φώναξε έντρομη η Γκρουέλα. Σταμάτα!

Η Λόρεν κούνησε το κεφάλι της δεξιά αριστερά.

—Δε νομίζω ότι μπορεί να σταματήσει, είπε. Νομίζω ότι φταίει η Σκόνη της Λήθης. Έχει ξεχάσει πόσων χρονών είναι!

—Ναι, αλλά δεν είναι δυνατό να συνεχίσει να συμπεριφέρεται σαν δίχρονο! είπε η Γκρουέλα. Δε θα πάρουμε ΚΑΝΕΝΑΝ πόντο τιάρα αν δεν μπορεί να χορέψει κανονικά!

—Αγκού, να, να, λα, λα, λα, τραγουδούσε η Ντάιαμοντ και έκανε στροφές μέχρι που έπεφτε. Κάθισε τελικά στο πάτωμα και γέλαγε. Χαζούλα Ντάιαμοντ! Έπεσε η Ντάιαμοντ! έλεγε.

—Είμαι σίγουρη ότι η νεράιδα Ανγκόρα θα μπορεί να ξορκίσει τα μάγια ξανά, είπε η Τζόρτζια. Όπως και με την Έιμυ.

—Μα θα γίνει ΕΞΑΛΛΗ με την Ντάιαμοντ! είπε η Γκρουέλα. Μας είπε να μην πλησιάσουμε την πόρτα. Και αν δεν πάρουμε κι άλλους πόντους τιάρα, ΔΕ θα μας δώσουν τις ρουμπινένιες εσάρπες αύριο και δε θα μπορέσουμε να πάμε στο Διαμαντένιο Παλάτι μέσα στη χρυσή άμαξα!

Κοίταξα την Ντάιαμοντ που καθόταν στο πάτωμα και πιπίλαγε το δάχτυλό της. Ήταν περίεργο, αλλά στ' αλήθεια τις λυπόμουν. Ξέρω ότι τις περισσότερες φορές είναι απαίσιες, αλλά τουλάχιστον νοιάζονται η μία για την άλλη.

—Ξέρεις κάτι; είπα σιγανά. Νομίζω ότι έχω μια ιδέα...

—ΑΛΗΘΕΙΑ; είπε η Γκρουέλα και τα μάτια της έλαμψαν. Αχ, Έιμυ! Αν μας βοηθήσεις, σου ΥΠΟΣΧΟΜΑΙ ότι θα είμαι καλή μαζί σου για πάντα!

—Λοιπόν, είπα, εξαρτάται αν θέλουν και οι υπόλοιπες πριγκίπισσες του Κόκκινου Κοιτώνα να βοηθήσουν...

—ΦΥΣΙΚΑ! είπε αγανακτισμένη η Τζόρτζια. Αφού το ξέρεις, Έιμυ!

—Ακριβώς! είπε και η Τζέσικα. Ομάδα διάσωσης: Κόκκινος Κοιτώνας!

Τις ευχαρίστησα με ένα χαμόγελο και συνέχισα:

—Αν κάναμε μία παράσταση όπου όλες θα υποκρινόμαστε ότι η Ντάιαμοντ ΥΠΟΚΡΙΝΕΤΑΙ πως είναι μωρό; Και εμείς, και καλά, της μαθαίνουμε τα βήματα του μπαλέτου. Έτσι, θα δείξουμε τι ξέρουμε να κάνουμε και ίσως η νεράιδα Τζέι και η νεράιδα Ανγκόρα δε θα καταλάβουν τι συμβαίνει, μέχρι να φύγουν από μόνα τους τα μάγια. Η νεράιδα Τζέι μού είπε ότι κρατάνε μόνο μία μέρα.

Όλες μου οι φίλες και η Γκρουέλα με κοίταζαν με το στόμα ανοιχτό.

—ΕΪΜΥ! φώναξε η Χλόη. ΚΑΤΑΠΛΗΚΤΙΚΗ ιδέα! Πώς το σκέφτηκες; Είναι τέλειο!

Ένιωθα τα μάγουλά μου να κοκκινίζουν.

—Ευχαριστώ πολύ, ψέλλισα. Εεε... ξεκινάμε;

Μέχρι να επιστρέψει η νεράιδα Ανγκόρα με τη νεράιδα Τζέι, εμείς είχαμε οργανώσει την παράστασή μας. Όχι να το παινευτώ, αλλά βγήκε πολύ καλύτερη απ' ό,τι είχα φανταστεί. Δείχναμε στην Ντάιαμοντ διάφορα βήματα και αυτή χειροκροτούσε και προσπαθούσε να κάνει ό,τι κάναμε, σαν να ήταν δύο χρονών. Η αλήθεια είναι ότι είχε πλάκα – η Ντάιαμοντ ήταν μια γλύκα! Και η Γκρουέλα ήταν πολύ καλή, αν και χρειαζόταν να της λέμε συνέχεια να μη δείχνει ότι ανησυχεί τόσο πολύ.

Καταλάβαμε ότι έρχονταν οι δύο νεράιδες, γιατί ακούσαμε τη βροντερή φωνή της νεράιδας Τζέι να λέει:

—Σκόνη της λήθης, σήκω από το πάτωμα και μέσα το μπουκάλι μπες και τάπωμα!

Είδαμε μια κίτρινη αστραπή και η πόρτα άνοιξε, με τη νεράιδα Τζέι να εισβάλλει κρατώντας το μπουκάλι στα χέρια της σαν να μην είχε σπάσει ποτέ. Η νεράιδα

Ανγκόρα την ακολούθησε χαμογελαστή και χαρούμενη.

—Ορίστε, γλυκές μου! είπε. Όλα καλά! Και τώρα δείξτε μας τι ετοιμάσατε!

Η ομάδα μας ήταν η τελευταία και αυτό μας δυσκόλεψε λιγάκι, γιατί η Ντάιαμοντ δεν καθόταν ήσυχη και έλεγε συνέχεια:

—Θέλω μπισκοτάκι! Θέλω πορτοκαλάδα!

Κάποια στιγμή καταφέραμε να την ησυχάσουμε, αλλά η νεράιδα Τζέι κοίταζε συνέχεια προς το μέρος μας.

Όταν ήρθε η σειρά μας, η Ντάιαμοντ ήταν ΥΠΕΡΟΧΗ! Η νεράιδα Τζέι και η νεράιδα Ανγκόρα χειροκροτούσαν συνέχεια και στο τέλος μάς έδωσαν ΔΕΚΑΠΕΝΤΕ πόντους τιάρα στην καθεμία!

—Μπράβο! είπε η νεράιδα Ανγκόρα και έλαμπε από τη χαρά της. Και χαίρομαι ιδιαιτέρως για ΕΣΕΝΑ, Ντάιαμοντ. Δούλεψες πάρα πολύ και γι' αυτό σε συγ-

χωρώ για την κακή συμπεριφορά που είχες πριν.

—Ναι! Ευχαλιτώ, καλή νελάιδα! Και πριν προλάβουμε να τη σταματήσουμε, η Ντάιαμοντ πετάχτηκε μπροστά και αγκάλιασε τη νεράιδα Ανγκόρα. Εγώ καλό κορίτσι! είπε τρεμοπαίζοντας τα βλέφαρά της. Εγώ ΟΜΟΡΦΗ πριγκίπισσα Ντάιαμοντ! και άρχισε να φέρνει γύρους στην αίθουσα μέχρι που έπεσε πάλι και άρχισε να γελάει.

Κεφάλαιο Πέντε

—Ντάιαμοντ! είπε η νεράιδα Ανγκόρα και δε φαινόταν πια να είναι τόσο χαρούμενη. Μπορείς να σταματήσεις τώρα.

Ούτε η νεράιδα Τζέι φαινόταν πολύ ευχαριστημένη. Δίπλωσε τα χέρια της και μας κοίταξε αυστηρά.

—Λυπάμαι που σου το λέω, νεράιδα Ανγκόρα, αλλά η Ντάιαμοντ ΔΕΝ υποκρίνεται! Μου φαίνεται ότι κάποιος σκέφτηκε μια καλή ιδέα για να καλύψει τη Σκόνη της Λήθης. ΠΟΙΑ είναι πίσω από όλα αυτά;

Η καρδιά μου χτυπούσε τόσο δυνατά, που κόντευε να σπάσει, αλλά προχώρησα μπροστά.

—Εγώ είμαι, νεράιδα Τζέι...

Και τότε, ξαφνικά, έγινε το πιο ΑΠΙΣΤΕΥΤΟ πράγμα. Η Ντάιαμοντ χαμογέλασε, σηκώθηκε και είπε:

—Η Έιμυ είναι ΚΑΛΟ κορίτσι, μεγάλη νεράιδα! Εγώ έπαιζα με τη σκόνη. Πήρε ένα λυπημένο ύφος και κοίταξε από την

άλλη μεριά. Η Ντάιαμοντ είναι ΚΑΚΟ κορίτσι. Χτύπησε μόνη της το χέρι της και χασκογέλασε.

Ακολούθησε μια μακριά σιωπή... και

μετά η νεράιδα Τζέι άρχισε να γελάει. Γελούσε τόσο πολύ, που μας έκανε όλους να γελάμε – ακόμα και την Ντάιαμοντ με την Γκρουέλα.

—Ξέρετε, είπε η νεράιδα Τζέι και σκούπισε τα δάκρυά της, δε χρειάζεται ο διαγωνισμός αύριο. ΞΕΡΩ ποιες πρέπει να μπουν αύριο στη χρυσή άμαξα της βασίλισσας Φαμπιόλα. Πριγκίπισσα Έιμυ, είσαι ΦΟΒΕΡΗ! Και όλες οι υπόλοιπες από τον Κόκκινο Κοιτώνα και, χαίρομαι ιδιαιτέρως που το λέω, κι εσύ, Γκρουέλα. Και ελπίζω η Ντάιαμοντ να εκτιμήσει τη γενναιοδωρία σας και την καλοσύνη σας.

Η νεράιδα Ανγκόρα έγνεψε καταφατικά.

—Να μην της αφαιρέσουμε τη σκόνη καλού κακού; ρώτησε.

Η νεράιδα Τζέι χάιδεψε λίγο το σαγόνι της σκεφτική.

–Μάλλον ναι, είπε και ξόρκισε τα μάγια με το ραβδάκι της.

Μικροσκοπικά κίτρινα αστεράκια γέμισαν τον αέρα και η Ντάιαμοντ έτριψε τα μάτια της και χασμουρήθηκε σαν να ξύπνησε μόλις. Μας κοίταξε και μας χαμογέλασε πολύ γλυκά.

—Γεια σας, είπε. Μόλις ξύπνησα από ένα πολύ παράξενο όνειρο... Ήμουν, λέει, μικρή και εσείς ήσασταν τόσο καλές μαζί μου! Ευχαριστώ!

Η Ολίβια με σκούντησε.

—Λες να ξέχασες πώς είναι να είσαι απαίσια; ψιθύρισε.

—Δεν ξέρω, απάντησα. Ας το χαρούμε όσο διαρκέσει.

Και το χαρήκαμε. Η Ντάιαμοντ ήταν πολύ καλή όλη την υπόλοιπη μέρα και την επόμενη. Όταν μπήκαμε στην ΥΠΕΡΟΧΗ χρυσή άμαξα για το Διαμαντένιο Παλάτι,

επέμενε να μου δώσει την καλύτερη θέση. Κι όταν μπήκαμε στη σειρά για να πάρουμε από τη βασίλισσα Φαμπιόλα τις ρουμπινένιες εσάρπες μας, είπε στη διευθύ-

ντριά μας ότι ήμουν το καλύτερο κορίτσι της Ακαδημίας. Όταν ξεκίνησε η μουσική για να χορέψουμε, ήρθε κοντά μου, υποκλίθηκε και είπε:

–Έιμυ, ξέρω πως σου έχω φερθεί άσχημα, αλλά θα ήθελες να γίνουμε φίλες; ΑΛΗΘΙΝΕΣ φίλες;

–Φυσικά και θέλω! της είπα χαμογελώντας.

Και το εννοούσα με όλη μου την καρδιά... αλλά σιγά σιγά άρχισα να παρατηρώ ότι προσπαθούσε όλο και περισσότερο να είναι η καλύτερη σε όλους τους χορούς. Και όταν έσπρωξε την Τζόρτζια για

να πάρει το μεγαλύτερο κομμάτι κέικ, ήμουν σίγουρη ότι τα μάγια είχαν φύγει οριστικά... αλλά ήταν ωραία όσο κράτησαν.

Όταν κούρνιασα στο κρεβάτι μου το βράδυ, σκεφτόμουν ότι έχω τόσο πολλές ΥΠΕΡΟΧΕΣ φίλες, που δε με νοιάζει που καμιά φορά η Ντάιαμοντ και η Γκρουέλα είναι κακιές. Έχω τη Χλόη, την Ολίβια, την Τζόρτζια, τη Λόρεν, την Τζέσικα και, φυσικά, την καλύτερη απ' όλες, ΕΣΕΝΑ!

Θα βρεθούμε πάλι πολύ ΠΟΛΥ σύντομα, γιατί του χρόνου θα είμαστε όλες μαζί στο Διαμαντένιο Παλάτι... ΖΗΤΩ το Τιάρα Κλαμπ!

Τιάρα Κλαμπ

Η Πριγκίπισσα Έιμυ
και η Χρυσή Άμαξα

Η Πριγκίπισσα Χλόη
και το Τριανταφυλλένιο Φόρεμα

Η Πριγκίπισσα Πόρτζια
και το Αστραφτερό Διαμάντι

Η Πριγκίπισσα Πέσικα
και το Βραχιόλι της Φιλίας

Η Πριγκίπισσα Λόρεν
και το Διαμαντένιο Κολιέ

Η Πριγκίπισσα Ολίβια
και ο Βελούδινος Μανδύας

Τιάρα
Κλαμπ

Επισκεφθείτε την ιστοσελίδα του ΤΙΑΡΑ ΚΛΑΜΠ

www.tiaraclub.co.uk

Θα βρείτε παιχνίδια για Ιδανικές Πριγκίπισσες

και θα μάθετε τα νέα του ΤΙΑΡΑ ΚΛΑΜΠ!

Τιάρα
Κλαμπ

Η Πριγκίπισσα Σαρλότ
και ο Πριγκιπικός Χορός

Η Πριγκίπισσα Κέιτ
και το Ασημένιο Πόνι

Η Πριγκίπισσα Νταίζυ
και ο Λαμπερός Δράκος

Η Πριγκίπισσα Αλίκη
και ο Μαγικός
Καθρέφτης

Η Πριγκίπισσα Σοφία
και η Απίστευτη
Έκπληξη

Η Πριγκίπισσα Έμιλυ
και η Πανέμορφη
Νεράιδα

Τιάρα Κλαμπ στον Ασημένιο Πύργο

Η Πριγκίπισσα Σαρλότ και το Μαγεμένο Τριαντάφυλλο

Η Πριγκίπισσα Κέιτ και το Σκουπόξυλο που Χορεύει

Η Πριγκίπισσα Νταίζυ και το Μαγικό Λούνα Παρκ

Η Πριγκίπισσα Αλίκη και το Κρυστάλλινο Γοβάκι

Η Πριγκίπισσα Σοφία και το Πάρτι του Πρίγκιπα

Η Πριγκίπισσα Έμιλυ και το Πεφταστέρι

Τιάρα Κλαμπ

στο Ρουμπινένιο Μέγαρο

Η Πριγκίπισσα Έιμυ και η Χρυσή Άμαξα

Η Πριγκίπισσα Χλόη και το Τριανταφυλλένιο Φόρεμα

Η Πριγκίπσα Τζόρτζια και το Αστραφτερό Διαμάντι

Η Πριγκίπισσα Τζέσικα και το Βραχιόλι της Φιλίας

Η Πριγκίπισσα Λόρεν και το Διαμαντένιο Κολιέ

Η Πριγκίπισσα Ολίβια και ο Βελούδινος Μανδύας